CW01673910

FASTOCHE

FASTOCHE

Sommaire

Maryse Six

FASTOCHE

AVIONS
ET BATEAUX EN ORIGAMI

casterman

L'avion kamikaze

IL VOUS FAUT :

un papier rectangle de 21 x 30 cm ■ une paille ■ des ciseaux ■ de la colle ■ du papier couleur ou papier crépon ■ une grande bouteille en plastique vide

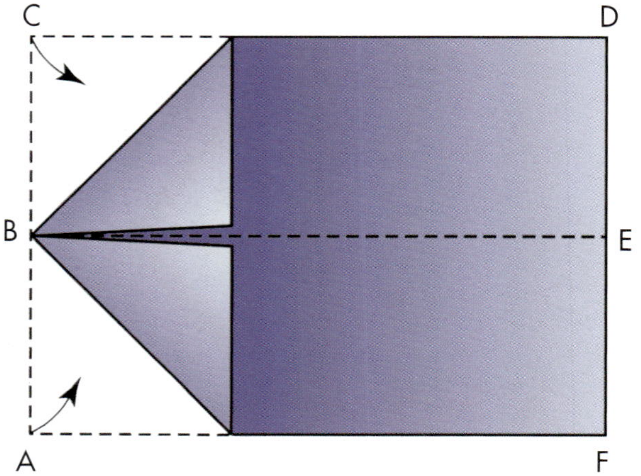

1 Marquez le pli central BE. Pliez les angles A et C le long du pli BE en laissant un espace de 0,5 cm entre les 2 pointes. Écrasez bien les plis.

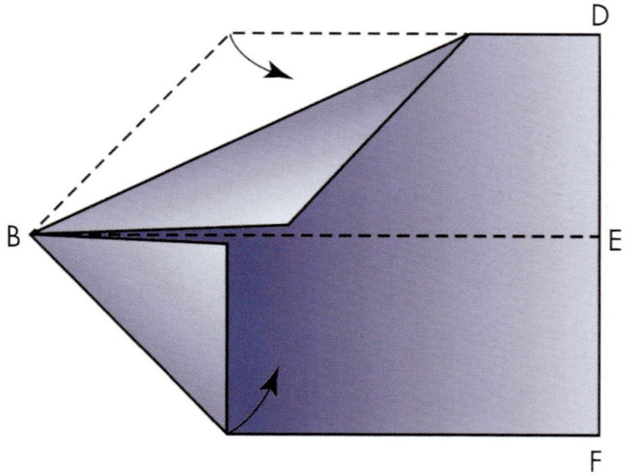

2 Ramenez de nouveau les côtés jusqu'à la médiane. Au pli BE, refermez la figure en relevant la partie inférieure.

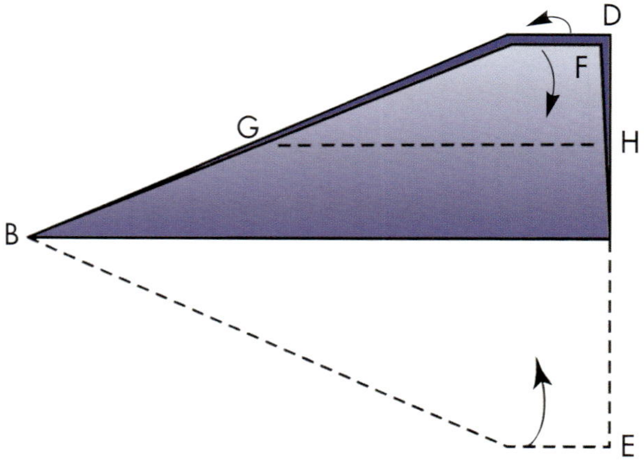

3 Marquez le pli central GH en abaissant :

- la pointe F vers l'avant
- la pointe D vers l'arrière

Positionnez les ailes obtenues à l'horizontale.

Placez la bouteille cible sur l petite hauteur à 4 m de la ligne de lancement. Il ne vous reste plus qu´à...viser juste!

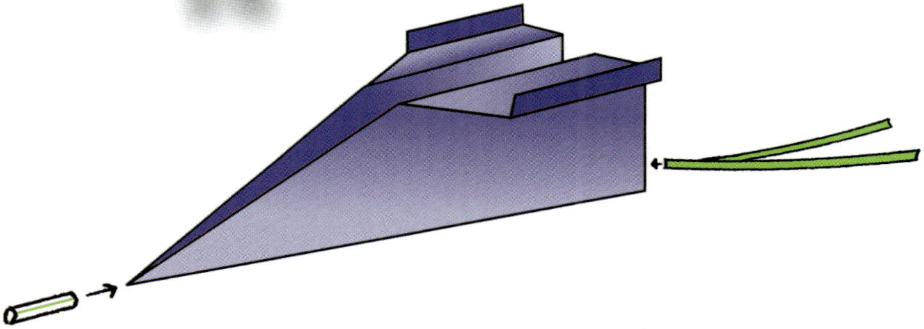

4 Relevez le bord des ailes à la verticale.
Aplatissez l'extrémité de la pointe B et glissez-la dans la paille coupée à 2 cm. Dans le papier couleur en crépon, découpez 2 bandelettes de 1 cm x 30 cm. Collez l'intérieur de l'avion en insérant les bandelettes vers l'arrière.

L'avion chasseur

IL VOUS FAUT :

un rectangle de 6 cm x 30 cm ■
de la colle

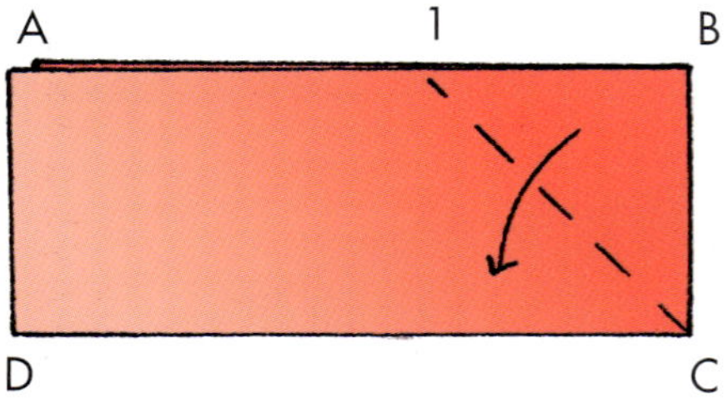

1 Pliez votre rectangle en 2. Abaissez l'angle B en marquant soigneusement le pli 1.

2 Remontez l'angle B le long du pli C1. Écrasez bien le pli. Vous obtenez un cornet en quatre parties.

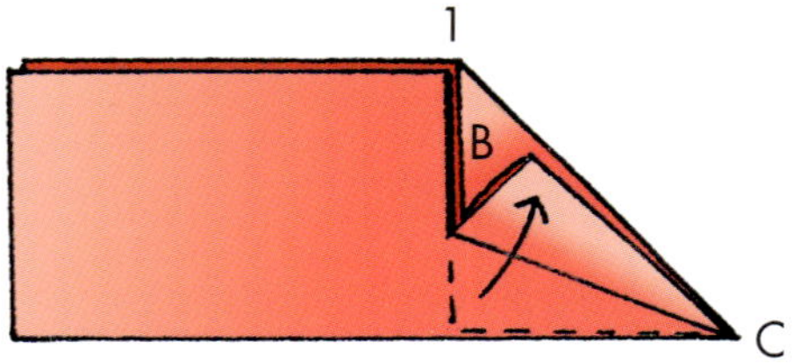

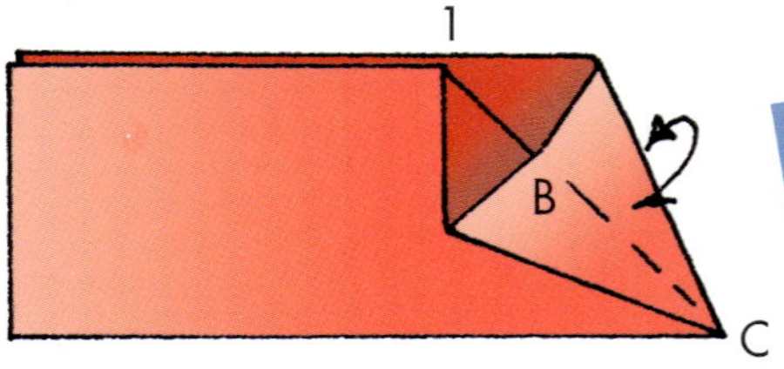

3 Dépliez et aplatissez le cornet en positionnant le point B sur le pli 1. Rabattez ensuite le volet gauche du cornet vers l'arrière.

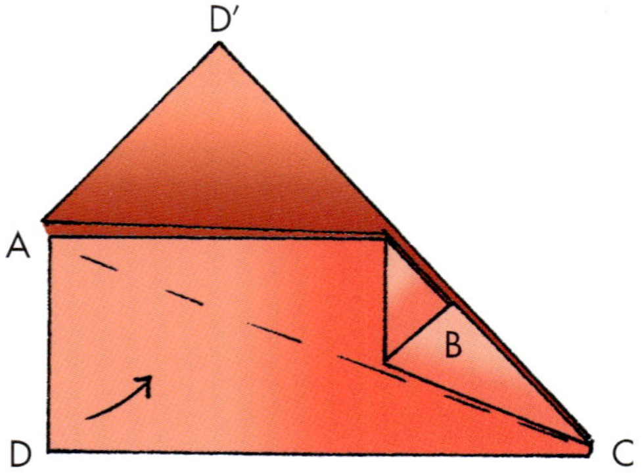

4 Marquez le pli AC et relevez :
- la pointe D vers l'avant
- la pointe D'vers l'arrière

5 Pliez les ailes D et D′ en 2. Positionnez-les ensuite à l'horizontale.

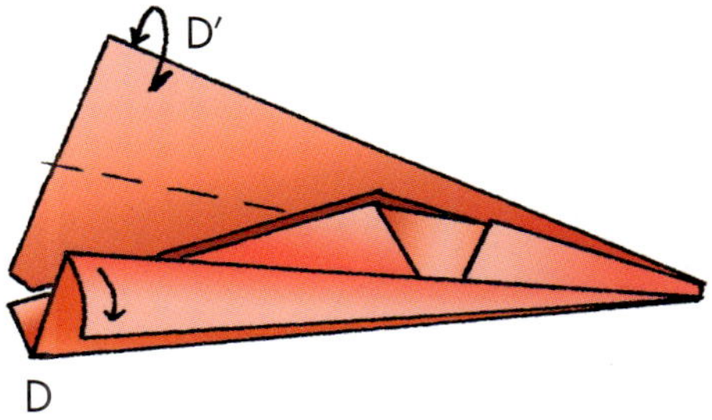

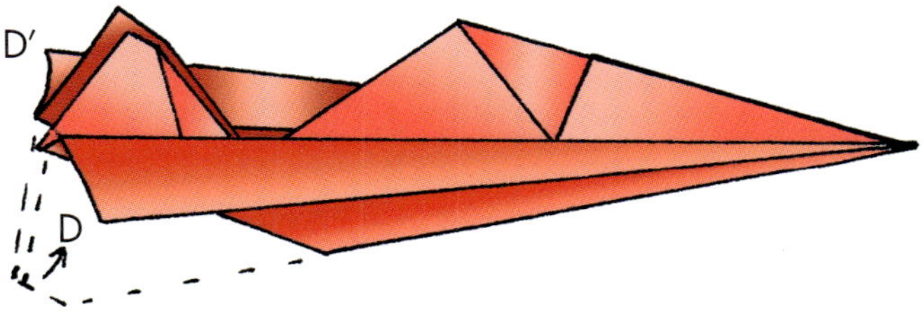

6 À l'arrière de l'avion, relevez les 2 pointes inférieures. Collez l'intérieur de l'avion pour qu'il ne s'écarte pas en plein vol.

L'avion hirondelle

IL VOUS FAUT :

une feuille de papier format A4 ▪ des ciseaux

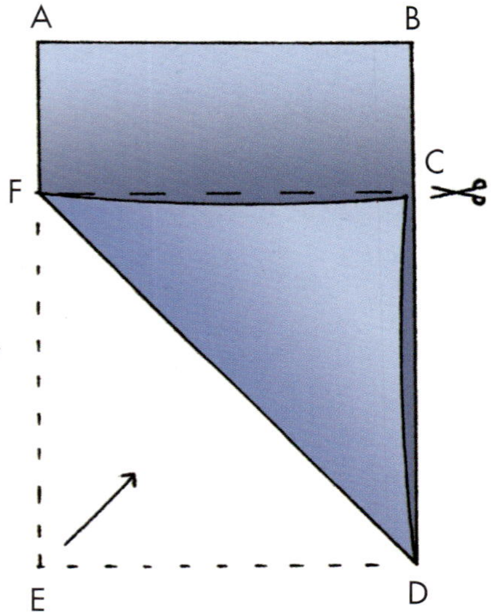

1 Relevez l'angle E à la diagonale FD afin d'obtenir un carré et un rectangle. Découpez la ligne FC.

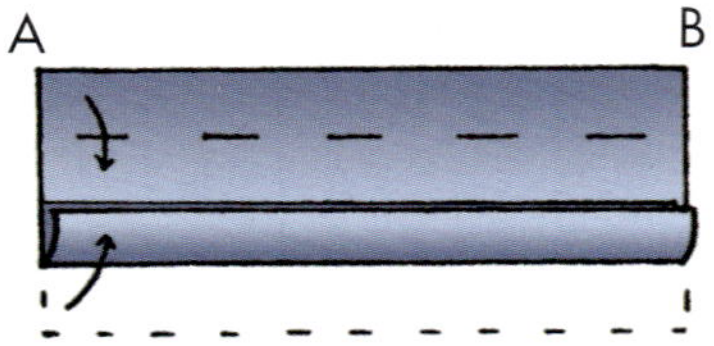

2 Pliez le rectangle le long de la médiane comme l'indique le schéma.

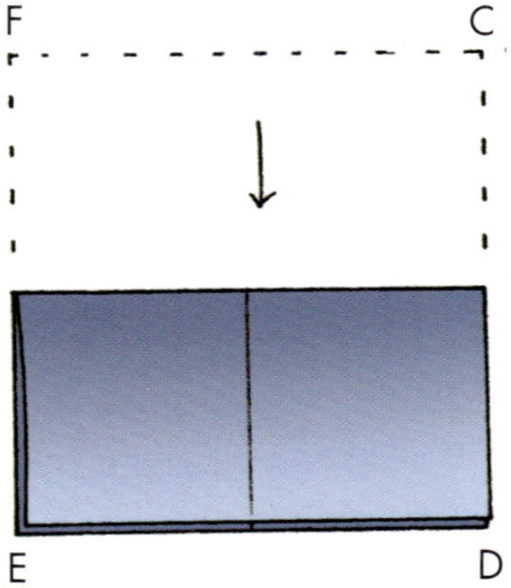

3 Pliez le carré en deux pour marquer les 2 médianes.

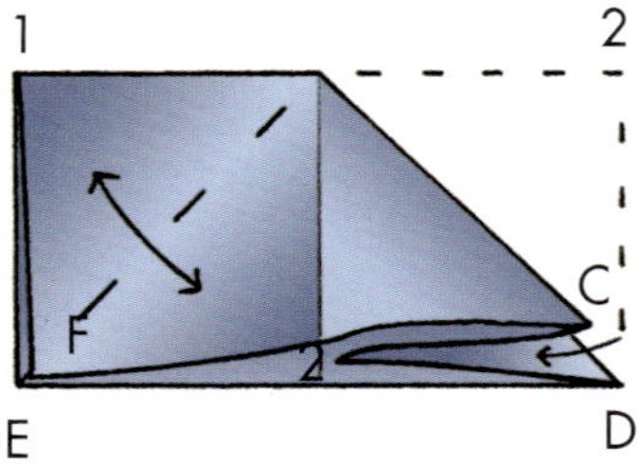

4 Marquez les diagonales en abaissant les angles 1 et 2 le long de la médiane. Rentrez ensuite ces angles à l'intérieur de la figure.

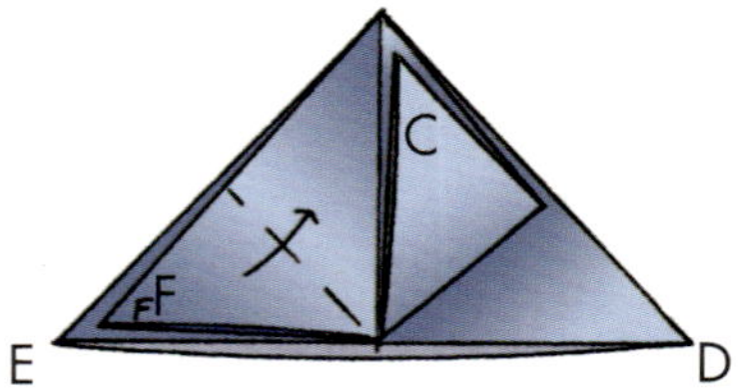

5 Vous obtenez un triangle avec 4 pointes. Relevez les pointes F et C le long de la médiane.

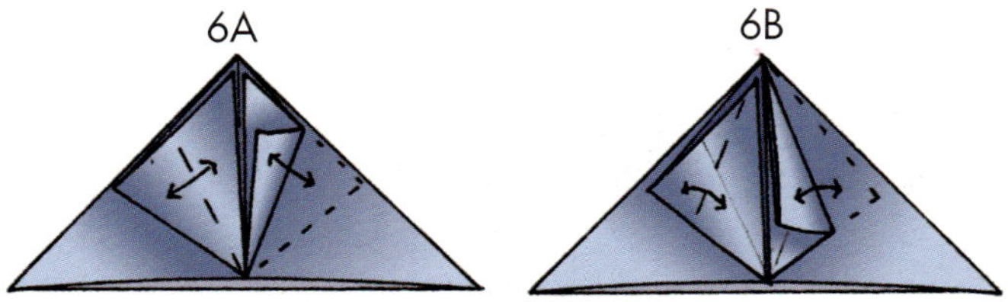

6 Avec le petit carré obtenu : marquez soigneusement les plis indiqués en 6a et 6b en pliant et dépliant les volets.

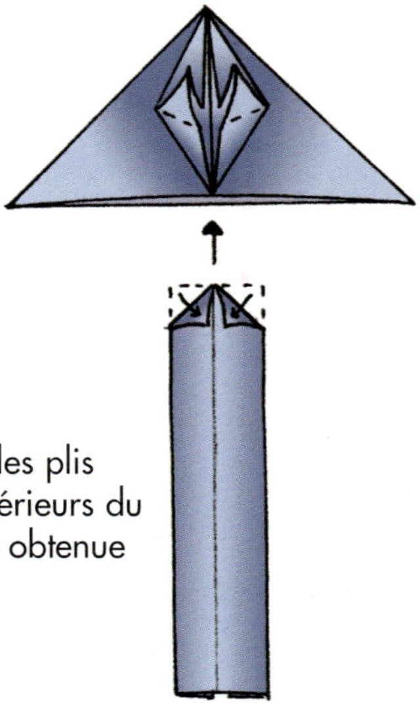

7 Pincez les coins en suivant les plis obtenus. Pliez les coins supérieurs du rectangle. Glissez la pointe obtenue dans la tête de l'avion.

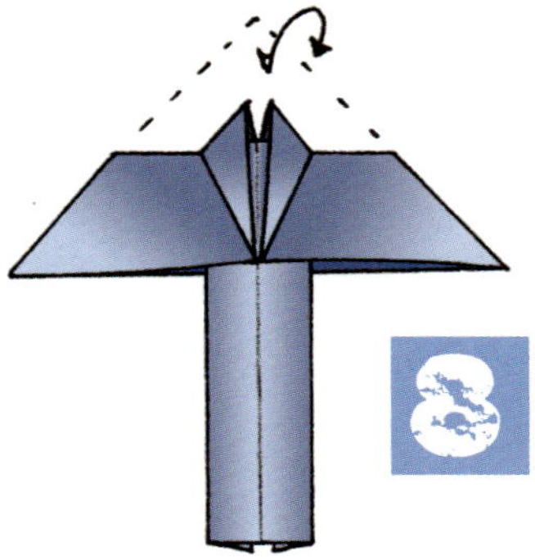

8 À hauteur des 2 pointes, pliez la tête en deux, vers l'arrière. Décorez le modèle.

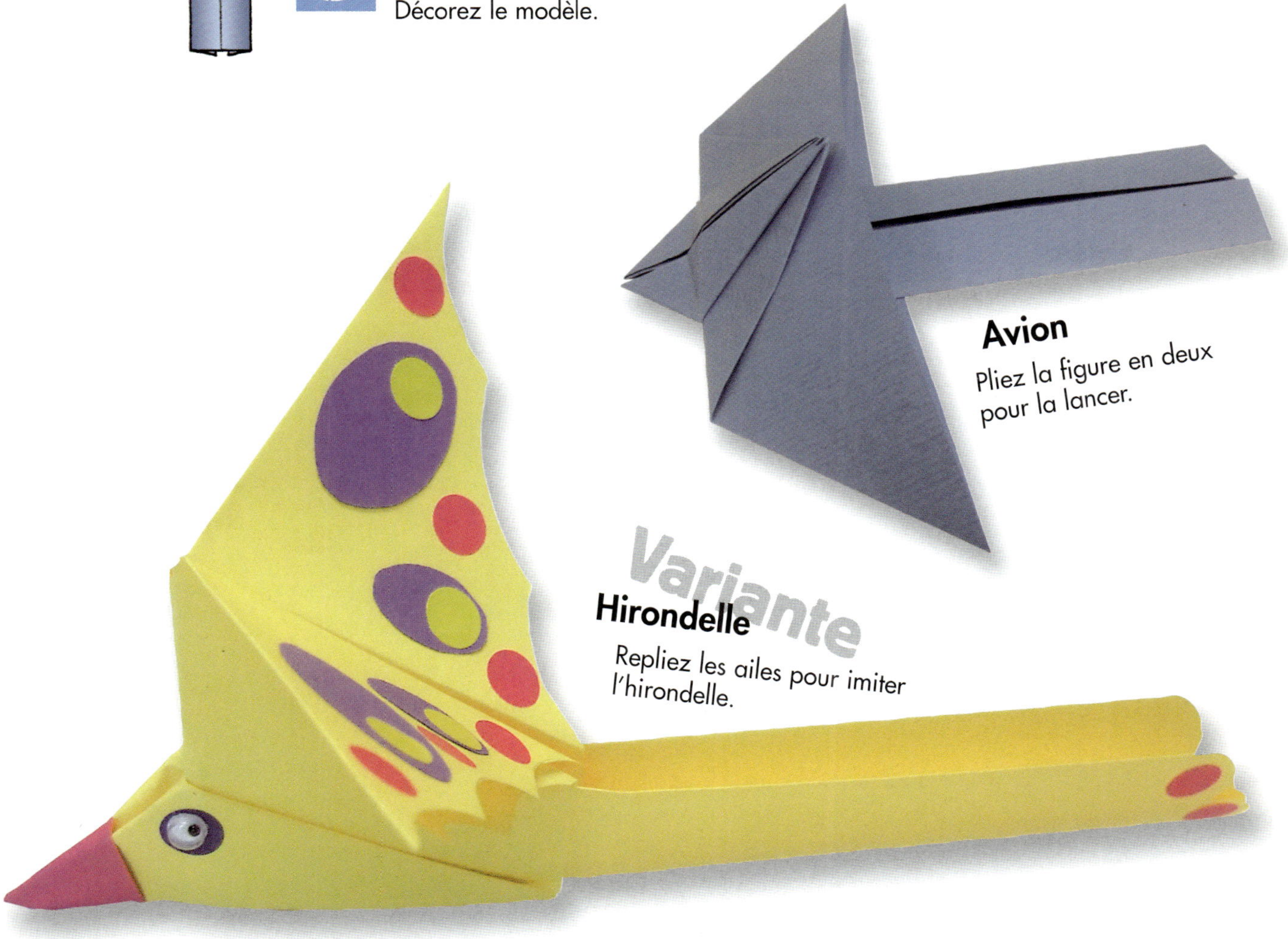

Avion

Pliez la figure en deux pour la lancer.

Variante

Hirondelle

Repliez les ailes pour imiter l'hirondelle.

L'avion espion

IL VOUS FAUT :

une feuille rectangulaire de 21 x 30 cm

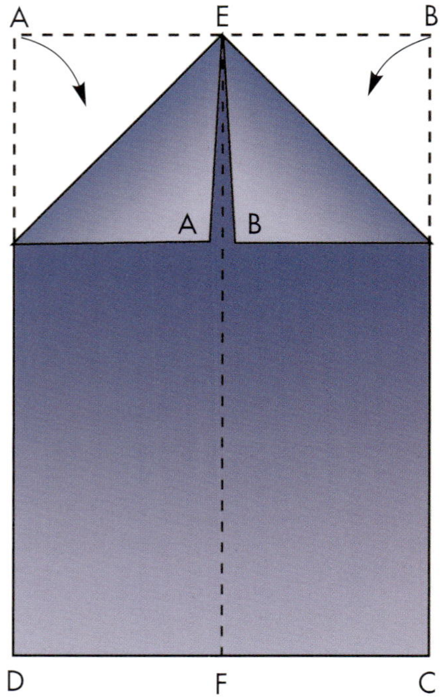

1 Marquez le pli central EF et rabattez les angles A et B sur ce pli.

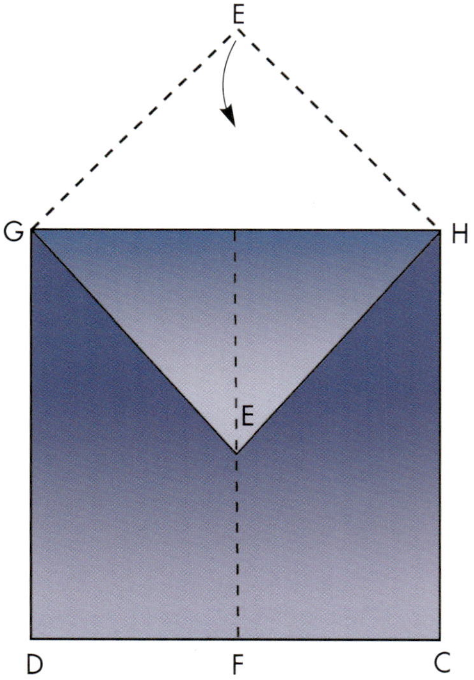

2 Abaissez la pointe E sous les angles AB.

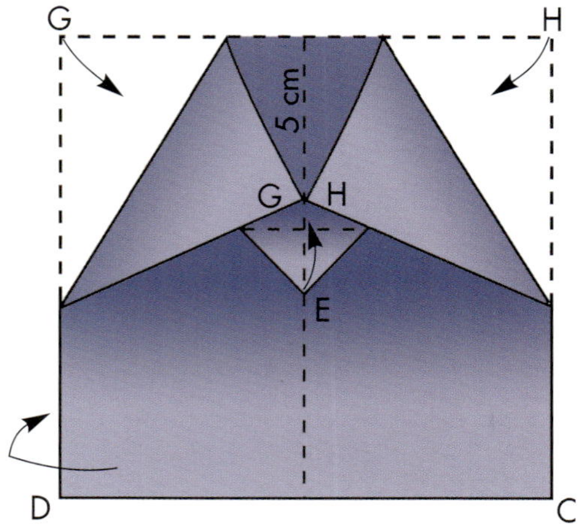

3 Abaissez les pointes G et H sur le pli central, à 5 cm du bord. Relevez la pointe E sur les coins G et H. Pliez la partie gauche derrière la partie droite.

4

Tenez l'avion à l'horizontale. Abaissez les ailes à l'horizontale au pli 1. Remontez ensuite l'extrémité des ailes à la verticale, au pli 2.

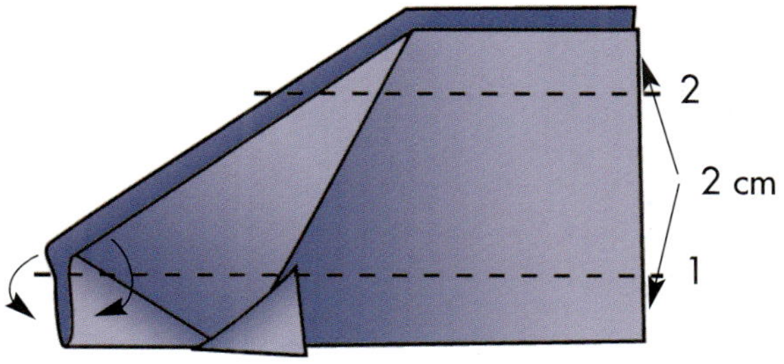

L'avion fantôme

IL VOUS FAUT :

une fine feuille de 10 x 15 cm ▪ des ciseaux ▪ un fin marqueur noir

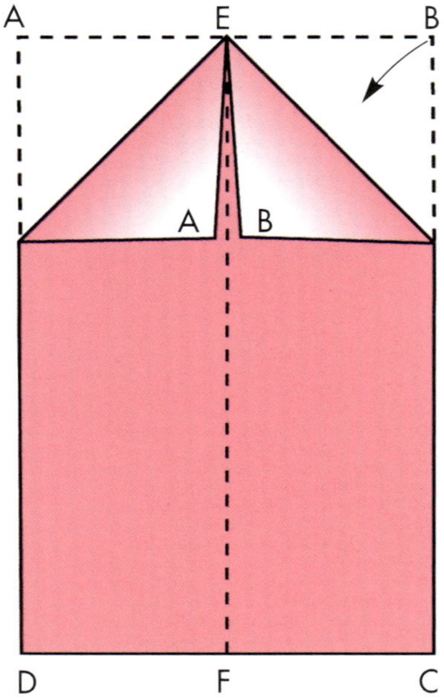

1 Pliez la feuille en deux pour marquer le pli central EF. Ramenez les angles A et B sur le pli EF.

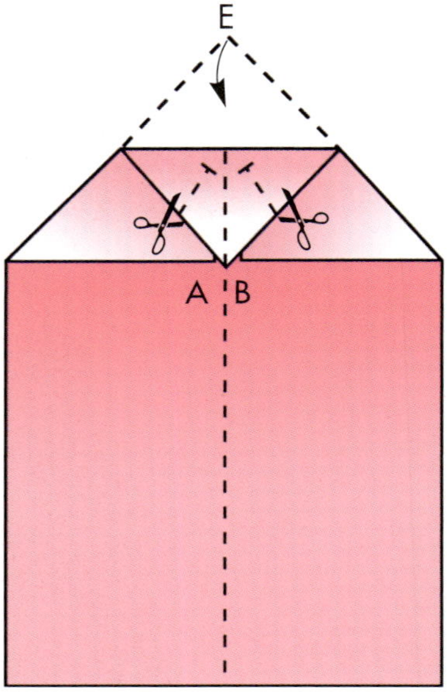

2 Abaissez la pointe E jusqu'aux angles AB. Coupez la pointe comme l'indique le schéma.

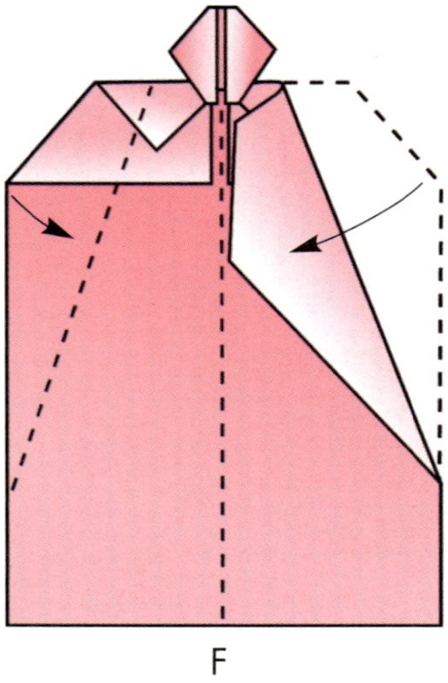

3 Remontez la tête de l'avion. Rabattez les côtés sur le pli EF.

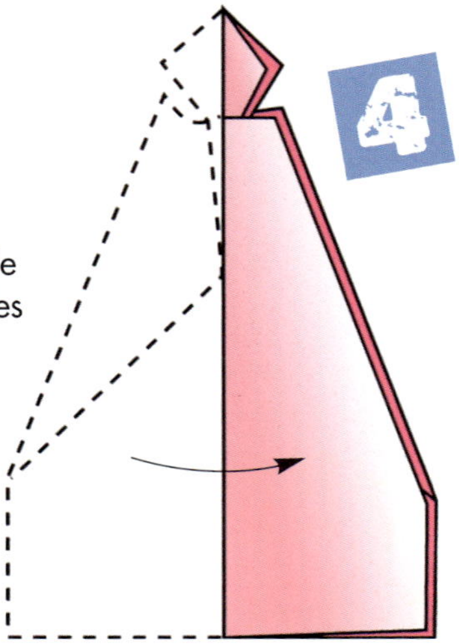

4 Ramenez le côté gauche sur le côté droit. Tenez ensuite la figure à l'horizontale.

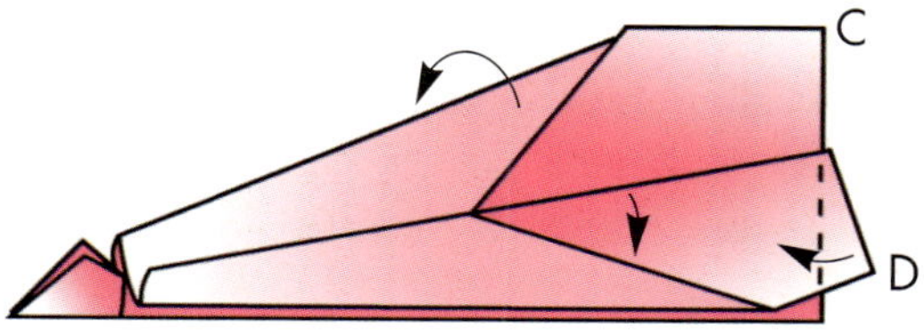

5 Repliez de nouveau les côtés vers l'extérieur en marquant bien les plis. Relevez les angles DC.

Refermez le pliage et maintenez les ailes à l'horizontale.

Variante
Le fantôme

Faites-le tenir droit sur ses pieds en écartant légèrement les ailes et dessinez des yeux et une bouche.

L'hélicoptère

IL VOUS FAUT :

un rectangle de 20 x 3 cm de papier ordinaire ou du carton fin ondulé ▪ une règle ▪ des ciseaux ▪ de la colle ou des agrafes

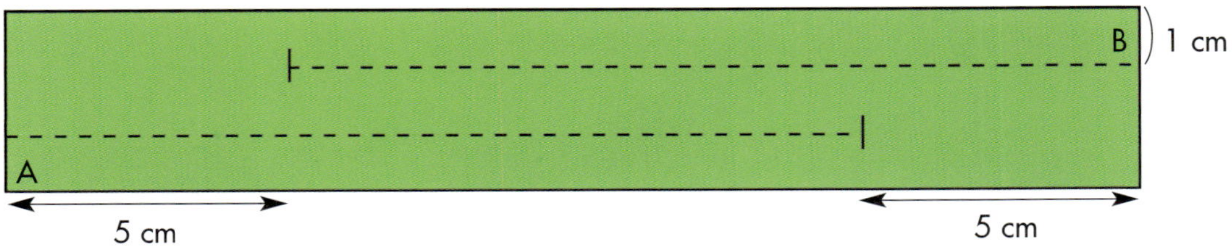

1 Dans le rectangle de 20 x 3 cm, découpez les 3/4 de la longueur selon les pointillés.

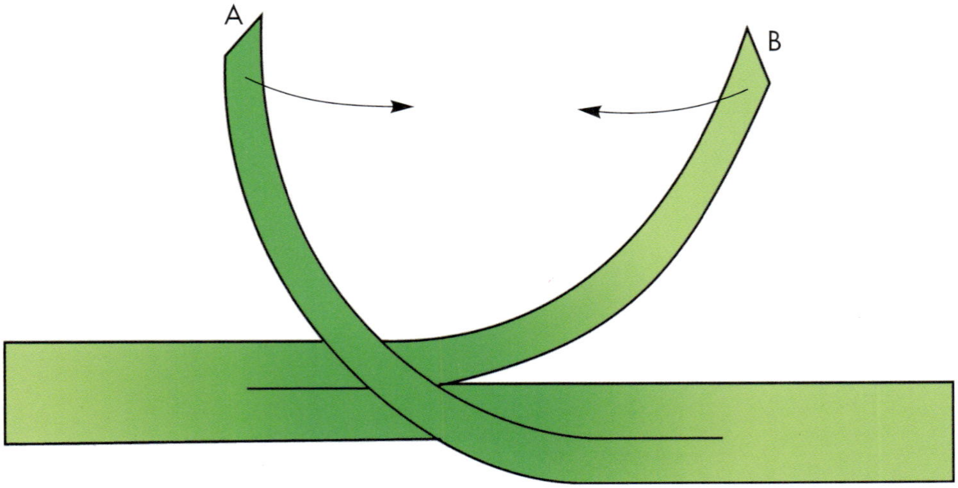

2 Assemblez l'extrémité A avec l'extrémité B par un point de colle.

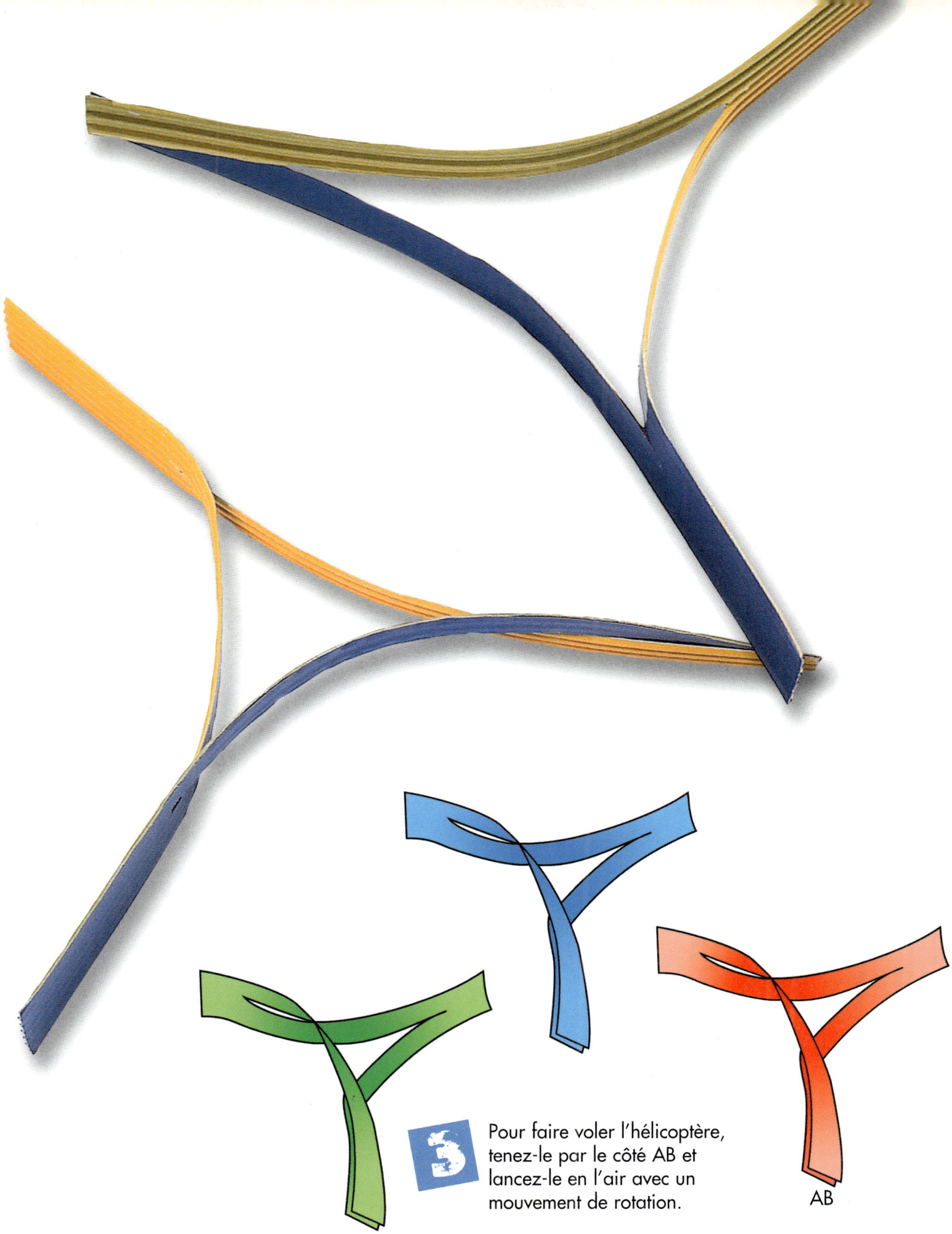

3 Pour faire voler l'hélicoptère, tenez-le par le côté AB et lancez-le en l'air avec un mouvement de rotation.

L'avion toupie

IL VOUS FAUT :

un papier rectangle de 3 cm x 9 cm, très fin ▪ des ciseaux ▪ de la colle ▪ une règle

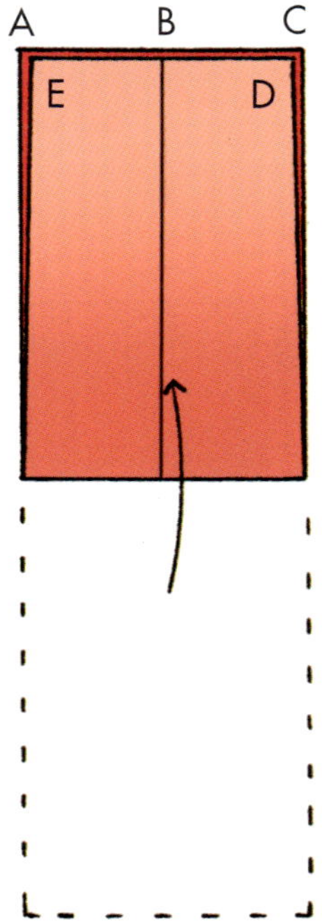

1 Marquez la médiane B puis pliez le rectangle en deux en relevant la partie supérieure.

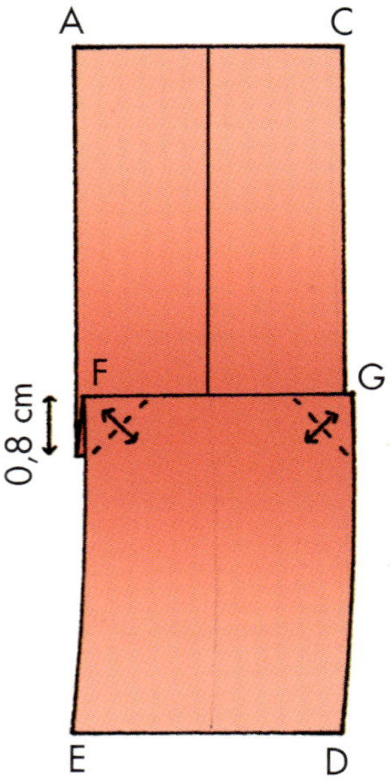

2 À 0,8 cm du pli central, abaissez la partie supérieure. Pliez et dépliez les angles F et G vers le bas. Écrasez bien les plis.

3 Rabattez les côtés inférieurs tout en ouvrant et en abaissant les angles F et G. Aplatissez bien les 2 triangles obtenus.

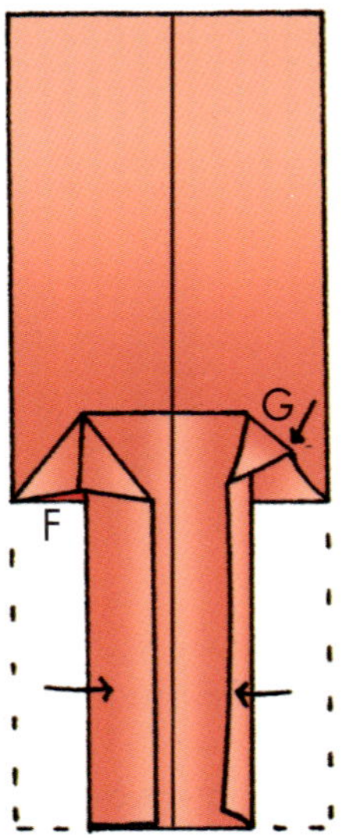

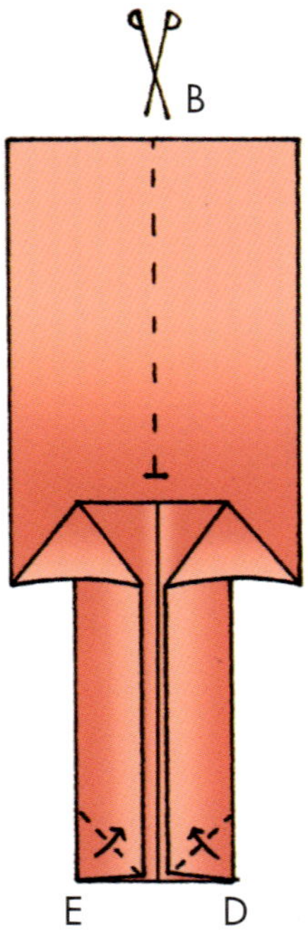

4 Relevez les angles E et D pour obtenir une belle pointe. Découpez la médiane B jusqu'à 0,5 cm du repli pour séparer les ailes.

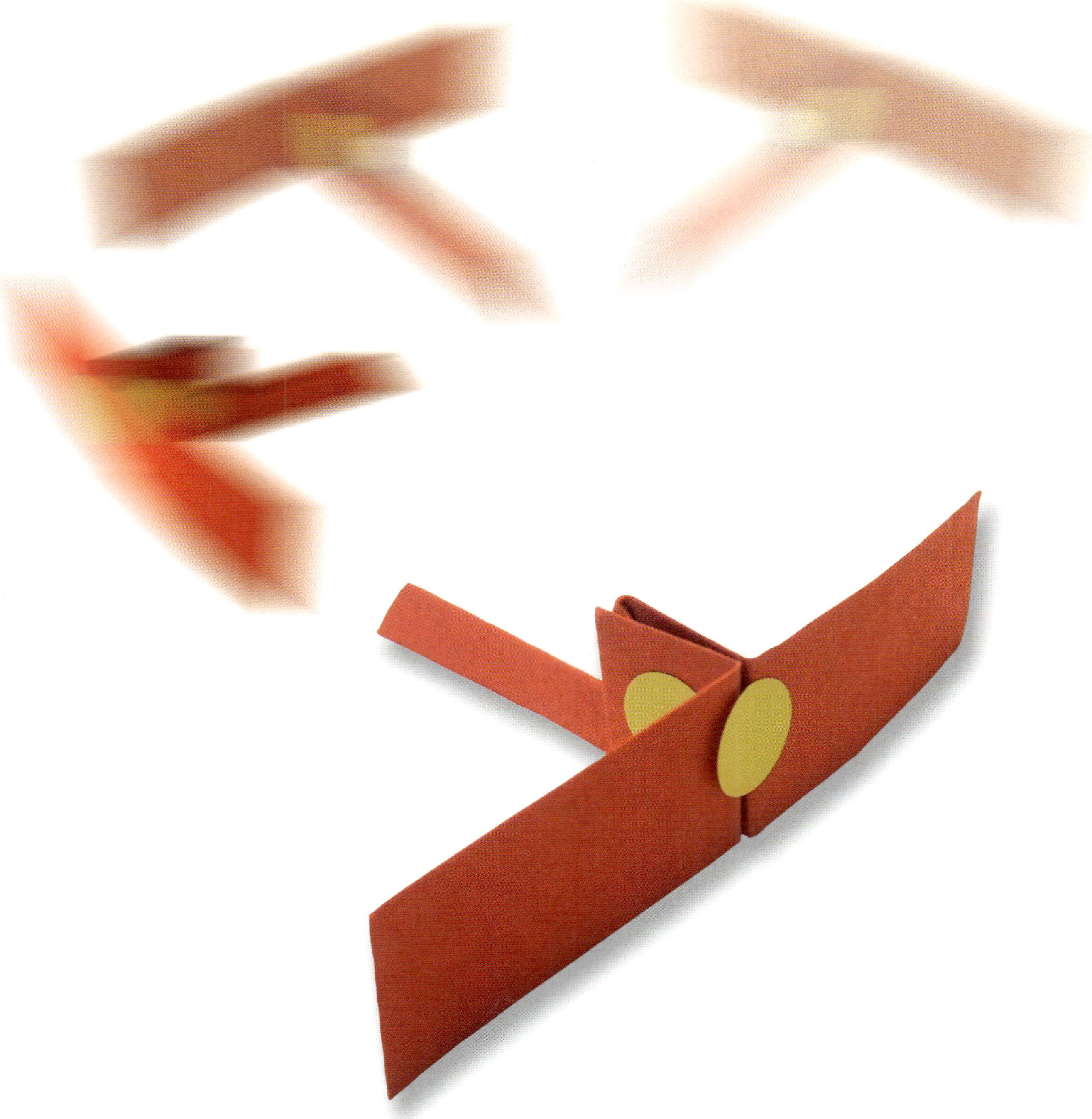

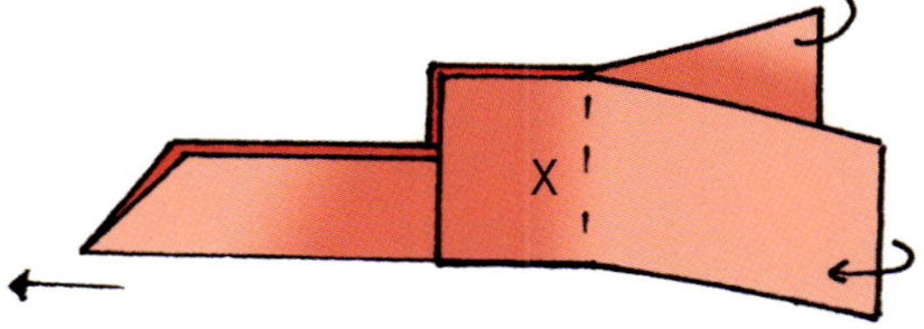

5

Après avoir collé l'intérieur, refermez la figure. Positionnez les ailes à l'horizontale. Tenez l'avion à l'endroit de la croix. Projetez la pointe en avant vers le ciel ; en retombant, il tournoie lentement.

Le poisson volant

IL VOUS FAUT :

un rectangle de 21 cm x 2,5 cm ▪ des ciseaux ▪ une règle ▪ un crayon ▪ deux pastilles de couleur

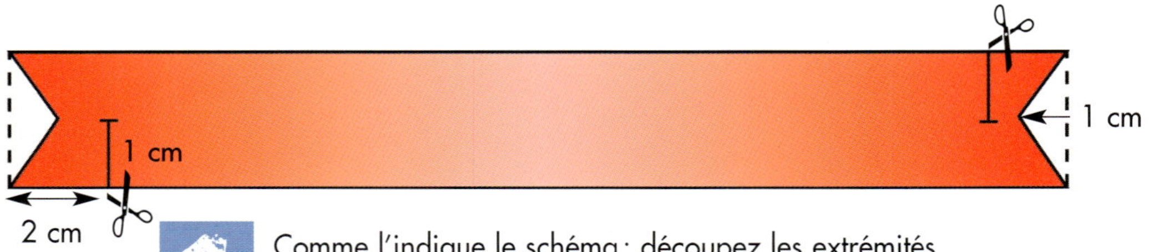

1 Comme l'indique le schéma : découpez les extrémités et réalisez deux entailles.

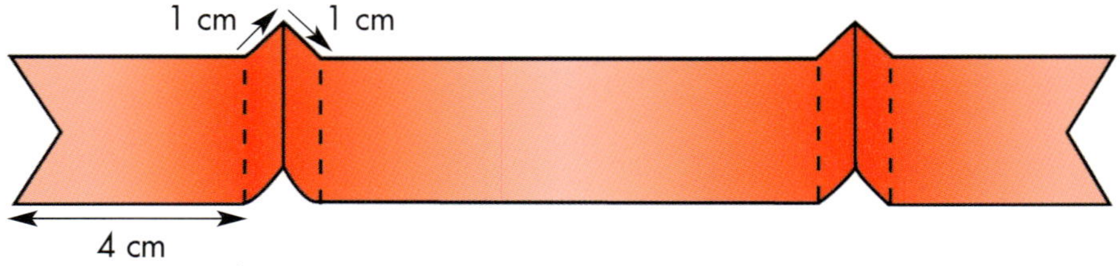

2 À 4 cm de chaque côté, réalisez un double pli d'un cm pour les nageoires.

3 Assemblez le poisson en intercalant les entailles. Collez les pastilles pour faire les yeux.

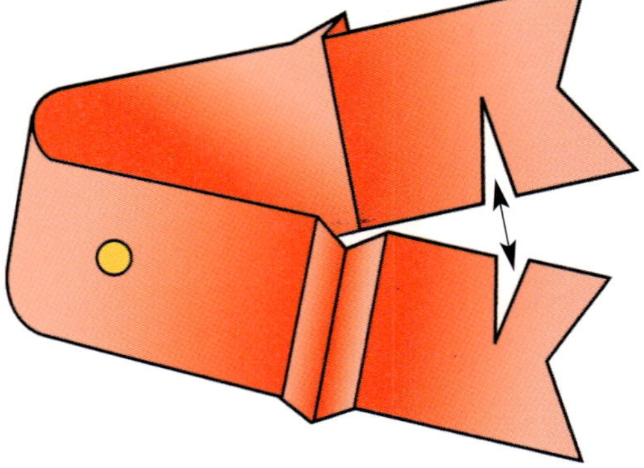

4

Lancez le poisson en l'air par la nageoire supérieure. Il retombe sur le sol en tournoyant comme une toupie.

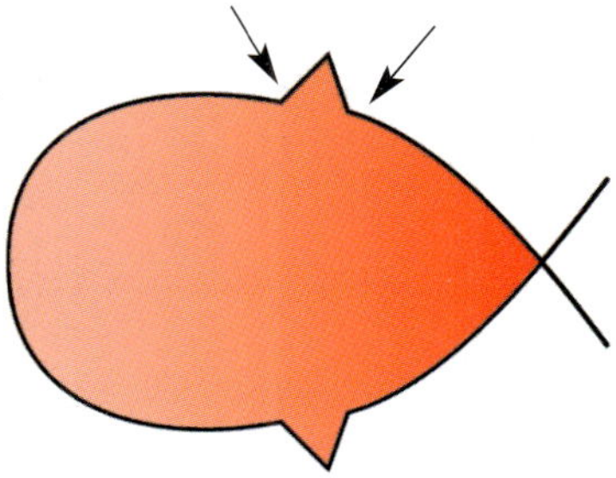

Le voilier

IL VOUS FAUT !

une feuille de papier de 15 x 15 cm ■ des ciseaux

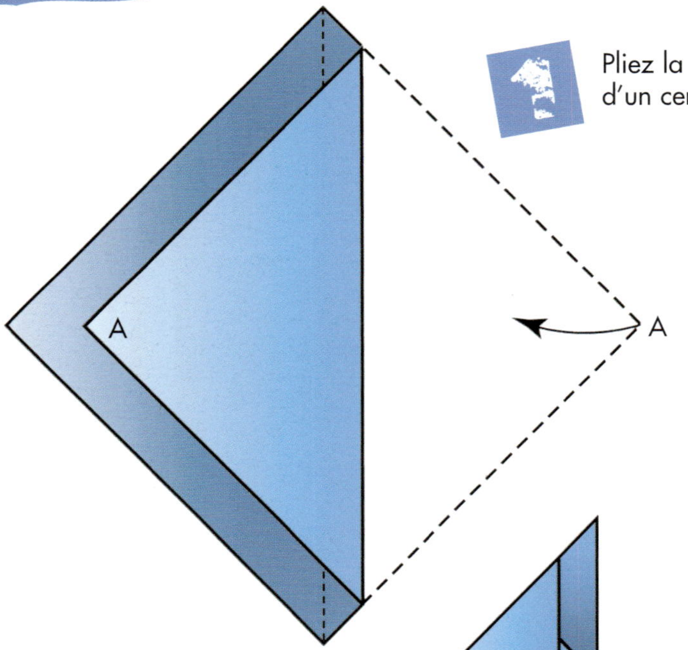

1 Pliez la feuille en deux en décalant le pli d'un centimètre de la diagonale.

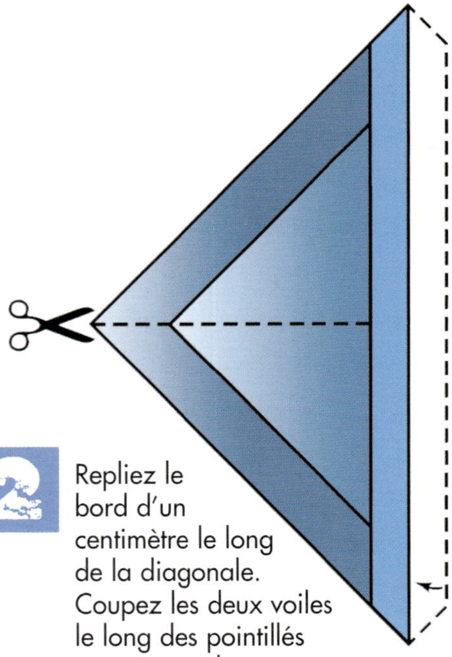

2 Repliez le bord d'un centimètre le long de la diagonale. Coupez les deux voiles le long des pointillés jusqu'au repli.

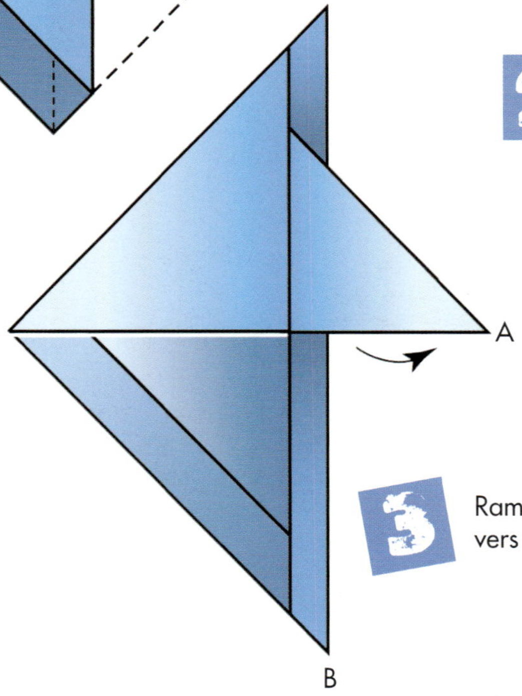

3 Ramenez la voile A vers la droite.

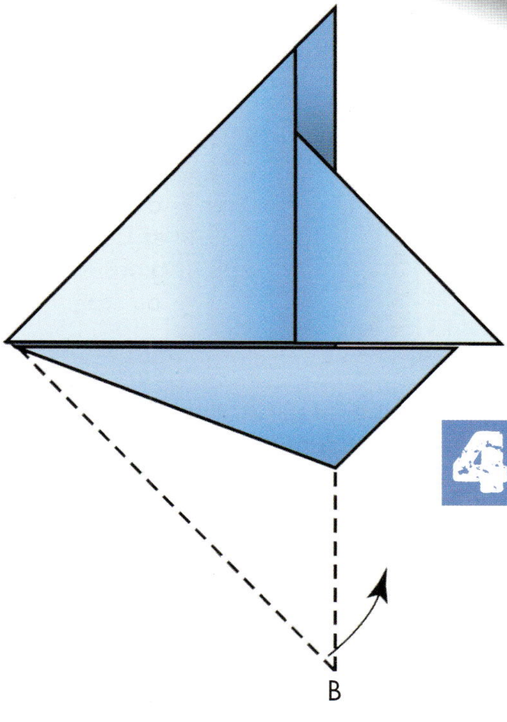

4 Réalisez la coque du voilier en relevant le coin B vers le haut, sous la ligne horizontale des voiles.

La course des voiliers

Il vous faut !

un papier rectangle bleu de 9 cm x 21 cm ▪ un papier carré jaune et un vert de 9 cm ▪ un papier rectangle jaune et un vert de 6 cm x 2 cm ▪ de la colle ▪ des ciseaux ▪ une règle

1 Pliez le carré jaune en deux, le long de la diagonale AC. Marquez le pli central 1D.

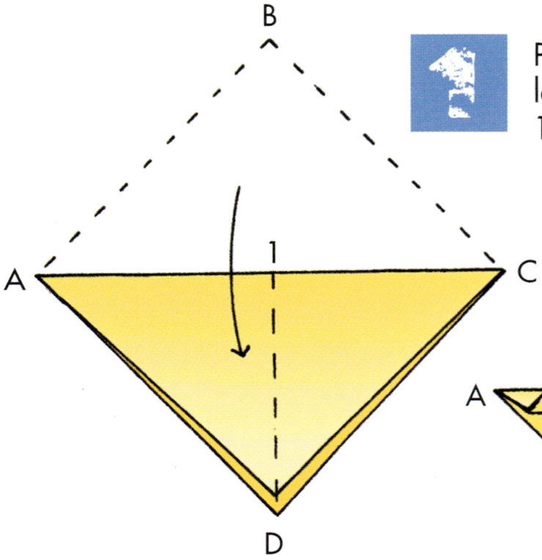

2 À 0,8 cm de la diagonale AC, relevez la pointe B.

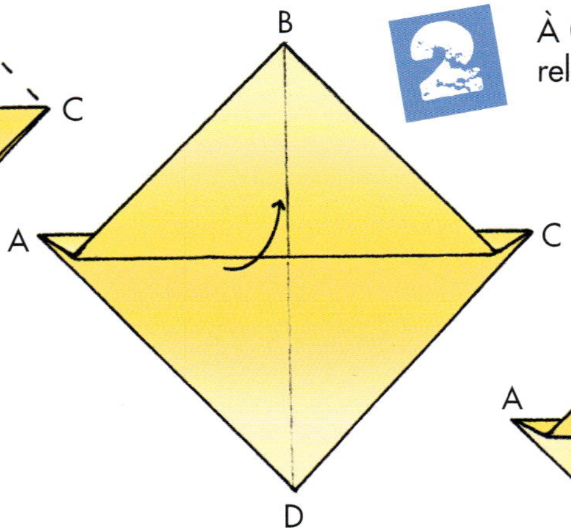

3 Relevez la pointe D le long de la diagonale AC, à droite…

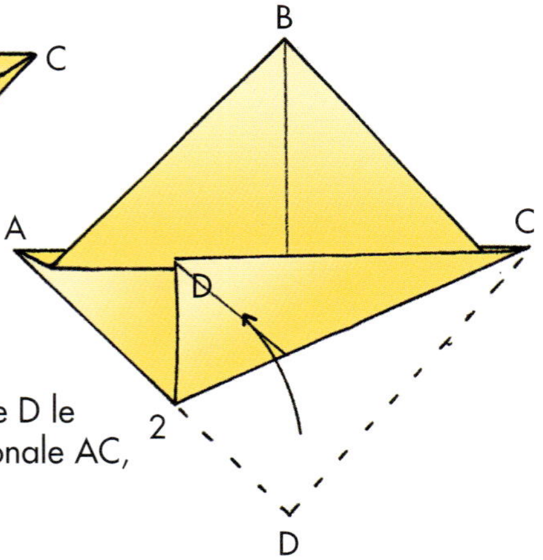

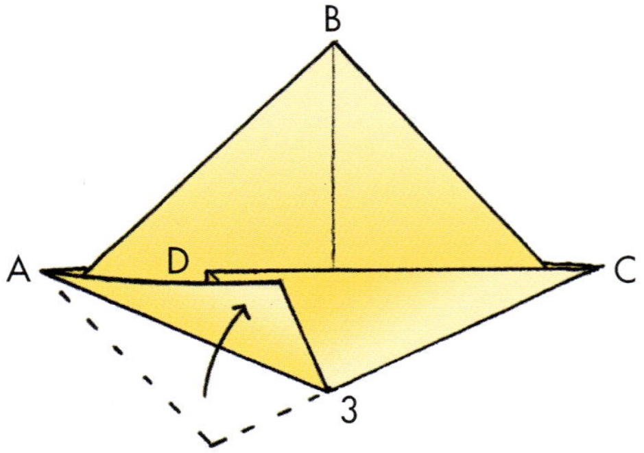

4 … puis à gauche. Marquez bien les plis 2 et 3.

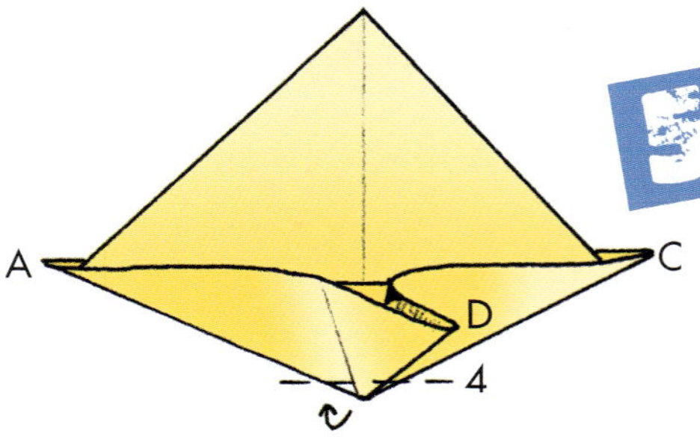

5 Ramenez et pincez la pointe D vers l'avant. Au pli 4, relevez la pointe à l'horizontale sur 0,5 cm.

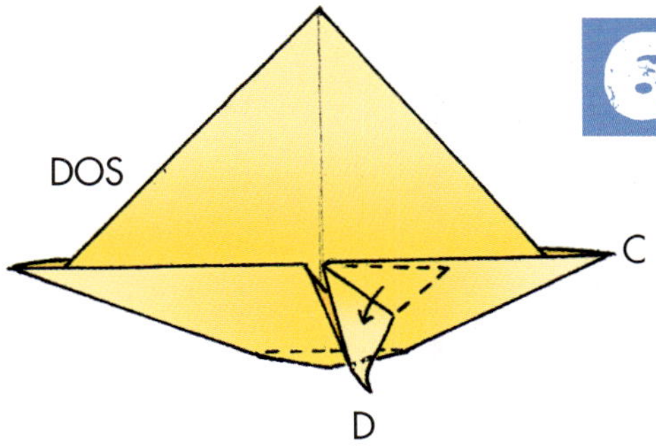

6 Abaissez la pointe D et relevez un peu la base pour que le bateau tienne debout. Vous obtenez le dos du bateau.

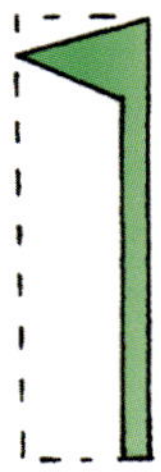

7 Dans le rectangle vert de 6 x 2 cm, réalisez un mat avec un drapeau. Collez-le, côté face, au centre de la voile. Réalisez l'autre voilier avec le carré vert et le rectangle jaune.

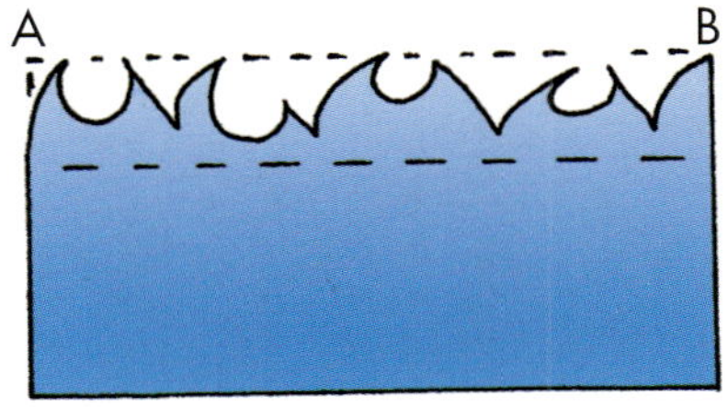

8 Dans le rectangle bleu :

- découpez un effet de vague sur le côté AB.
- pliez ensuite le côté AB à 4 cm pour positionner les vagues à la verticale.

Collez les deux voiliers sur le fond bleu.

Le bateau chemise

IL VOUS FAUT !

une feuille format A4 assez fine

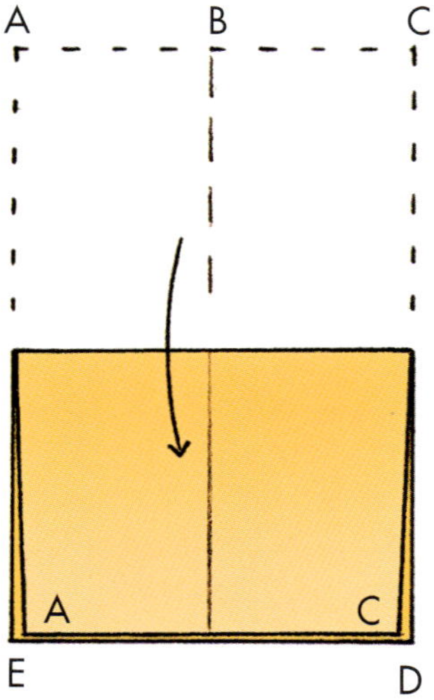

1 Marquez la médiane B puis pliez le rectangle en deux en abaissant la partie supérieure.

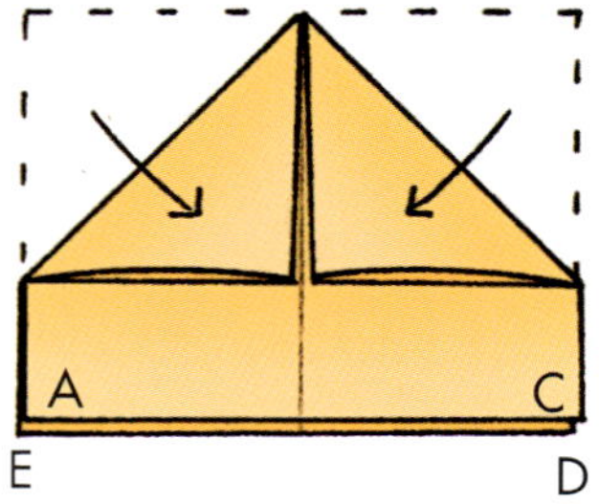

2 Abaissez les angles supérieurs le long de la médiane.

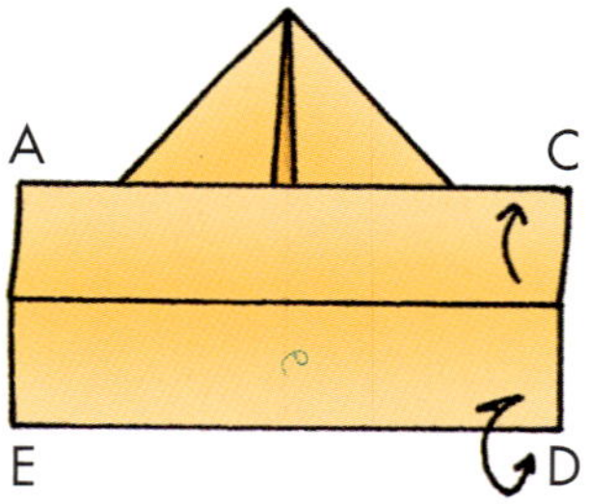

3 Relevez le premier rectangle inférieur vers l'avant et le deuxième vers l'arrière.

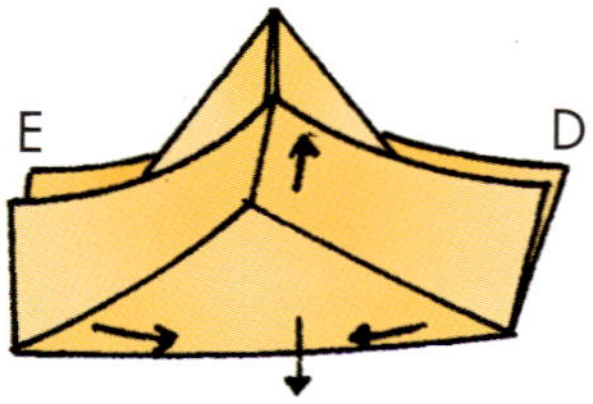

4 Glissez votre main à l'intérieur de la figure pour l'ouvrir. Réunissez le coin E avec le coin D. Aplatissez le nouveau carré obtenu et superposez les extrémités des rectangles en E et D.

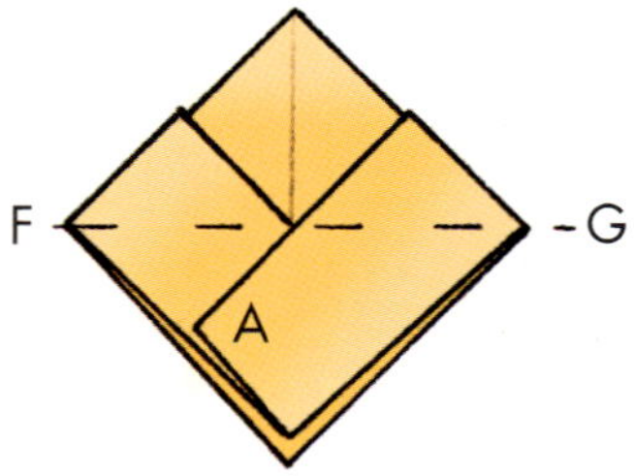

5 À hauteur du pli FG, relevez les angles inférieurs de chaque côté.

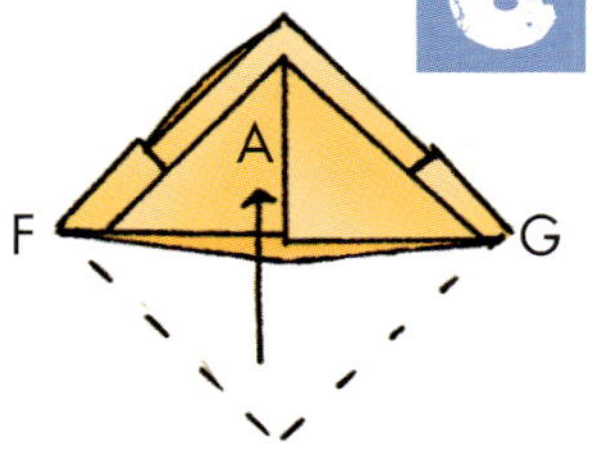

6 Vous obtenez un genre de chapeau. Glissez de nouveau votre main à l'intérieur pour réunir le coin F avec le coin G. Aplatissez le carré obtenu.

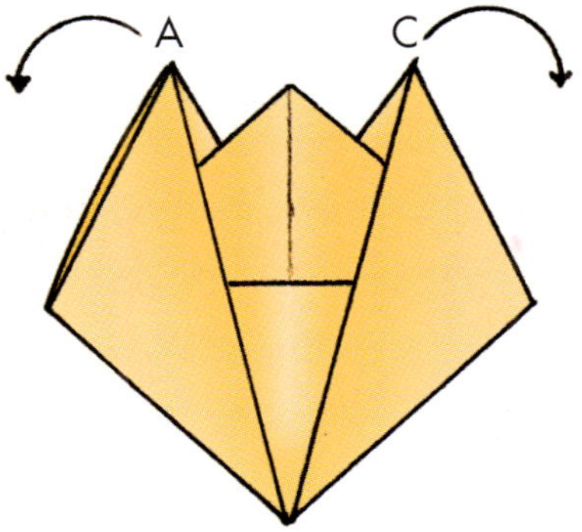

7 Écartez les pointes au maximum, elles formeront la coque du bateau.

8 Arrondissez légèrement l'intérieur de la voile pour faire tenir le bateau.

La chemise

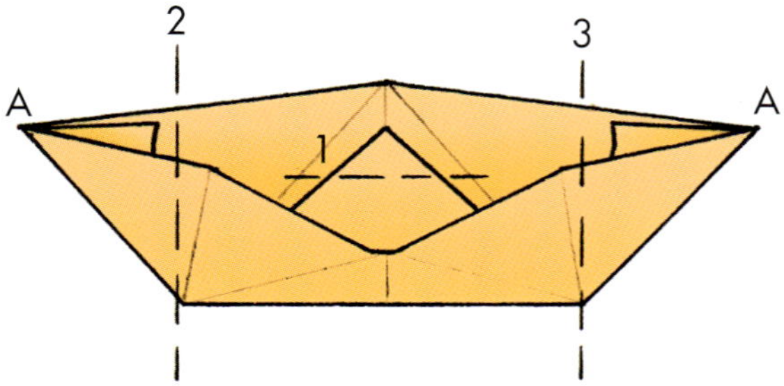

Pour transformer ce navire en chemise du pirate, partez de l'étape 8 de la page précédente et déchirez-le en 3 parties, suivant les pointillés 1-2-3. Ensuite dépliez-le. Réalisez ces étapes en racontant l'histoire du pirate.

HISTOIRE DU PIRATE :

Il était une fois, un redoutable pirate qui écumait les mers (faites voguer votre bateau). Hélas, par un mauvais jour de tempête (amplifiez le mouvement), son bateau se brisa en 3 parties (déchirez 1-2-3). Seul rescapé de son navire, le pirate se retrouva sur une île déserte avec un unique bien : sa chemise déchirée (dépliez le bateau).

www.casterman.com

ISBN 2-203-14358-4

Imprimé en Italie
Dépôt légal mars 2006 ; D2006/0053/125.
Déposé au ministère de la Justice (loi n° 49.956 du 16 juillet 1949 sur les publications destinées à la jeunesse).

FASTOCHE

FASTOCHE